Autores varios

Fundación de la ciudad de Buenos Aires por Juan de Garay

Edición de Pedro de Angelis

Barcelona 2024
Linkgua-ediciones.com

Créditos

Título original: Fundación de la ciudad de Buenos Aires por Juan de Garay.

© 2024, Red ediciones S.L.
Edición anotada por Pedro de Angelis

e-mail: info@linkgua.com

Diseño de cubierta: Mario Eskenazi.

ISBN rústica: 978-84-9953-155-7.
ISBN ebook: 978-84-9953-154-0.

Sumario

Brevísima presentación

La vida

Juan de Garay (1528-1583) España.

El lugar de nacimiento de Garay es polémico; mientras unas fuentes señalan a la ciudad vizcaína de Orduña (País Vasco), otras apuntan al municipio burgalés de Junta de Villalba de Losa (Castilla y León). Ambas localidades son vecinas y Losa era originalmente una zona vasca de Castilla, por lo que él se definía como «castellano de Vizcaya».

Su madre fue Lucía de Mendieta y Zárate y su padre el noble Clemente López de Ochandiano y Hunciano, pero fue criado por su tío-materno, el licenciado Pedro Ortiz de Zárate, hasta que su madre se casó con Martín de Garay quien lo reconoció como su hijo dándole su apellido.

A los quince o dieciséis años acompañó a su familia al Virreinato del Perú, pues su tío Pedro Ortiz de Zárate y Mendieta había sido nombrado oidor de la Audiencia de Lima. Por diferentes motivos, los Ortiz de Zárate retrasaron su llegada a Lima, hasta el 10 de septiembre de 1546.

Además de su tío, componían la audiencia de Lima: Diego de Cepeda, Lisón de Tejeda y Juan Álvarez. La rigidez en el gobierno de Núñez Vela generó enfrentamientos, que llegaron a la guerra civil con los partidarios de Gonzalo Pizarro. Juan de Garay fue fiel a su tío que estaba de parte del virrey y combatió contra Pizarro.

En 1553 formó parte de la expedición de Núñez de Prado a Tucumán (actual Argentina) siendo virrey Antonio Hurtado de Mendoza, marqués de Cañete. En 1568 su pariente Juan Ortiz de Zárate fue nombrado capitán gobernador del Río de la Plata (tercer adelantado) y este nombró lugarteniente a Felipe de Cáceres quien, a su vez, nombró capitán a Juan de Garay pidiéndole que llevase a gentes a la provincia de Paraguay.

El 15 de noviembre de 1573, Juan de Garay fundó oficialmente la ciudad de Santa Fe. En enero de 1580 comenzaron los preparativos de la segunda fundación de Buenos Aires. Se pretendía poblar la nueva ciudad con gente de Asunción, para lo cual se promulgó un bando ofreciendo tierras y otras mercedes. Se apuntaron 200 familias guaraníes y setenta y seis de colonos. Se llevó todo lo necesario por el río en una carabela (la «Cristóbal Colón») y dos bergantines entre otras naves menores, expedición que salió el 9 de marzo de 1580. Además de los colonos iban treinta y nueve soldados.

El domingo 29 de mayo de 1580, Juan de Garay llegó a la boca del Riachuelo. Desembarcó justo en el lugar donde años antes lo había hecho Pedro de Mendoza e instaló un campamento; la columna que viajaba por tierra llegaría un mes después. Para el miércoles 11 de junio ya se había levantado un pequeño asentamiento, algo más hacia al norte de la fundación anterior, que daría base a la nueva ciudad de Buenos Aires. Ese día se celebraron las ceremonias fundacionales. La nueva fundación fue atacada por los indígenas, mandados por su jefe Tububá, pero Garay fue advertido del ataque por Cristóbal de Altamirano, que estaba prisionero de Tububá, lo cual sirvió para organizar la defensa. En ese ataque Fernández de Enciso mató a Tububá.

Ese año va por tierra hasta Cabo Corrientes en busca de la mítica ciudad de los Césares (donde hoy se asienta la ciudad de Mar del Plata), regresando en enero de 1582, de donde vuelve a Santa Fe y a Asunción, en donde se empieza a ver que la nueva ciudad puede desplazar su capitalidad.

En marzo de 1583, Garay acompañó a Sotomayor San Juan en el trayecto de Buenos Aires a Santa Fe. El convoy de botes estaba compuesto por cuarenta hombres, un franciscano y algunas mujeres. El 20 de marzo de 1583 se desorientan y entran en una laguna desconocida. Juan de Garay decide pasar la noche en tierra, y el campamento es atacado por los indios querandíes, que matan a Garay, al franciscano, a una mujer y a doce soldados.

Discurso preliminar a la Fundación de Buenos Aires

Los pueblos modernos no tienen que buscar su origen en los poetas y mitólogos: los historiadores son sus genealogistas, y del primer día de su existencia puede hablarse con tanto acierto como de un acontecimiento contemporáneo.

Ya pasaron los tiempos en que para edificar ciudades tenían que bajar los dioses del Olimpo. Estas fábulas, inventadas para lisonjear la vanidad de los pueblos, aumentan el caudal de mentiras que nos han transmitido los antiguos, por más que se empeñen en acreditarlas los eruditos. Uno de ellos, que floreció en el reinado de Felipe V, escribió tres tomos para probar que Hércules fundó a *Gades*, o Cádiz; siendo solamente dudoso para él si fue el Tebano, el Fenicio o el Asirio!

La fundación de Buenos Aires no ofrece tantas dificultades, a pesar de no estar bien determinada la fecha de la primera por el adelantado don Pedro de Mendoza.

El documento más antiguo que se registra en los libros del Cabildo, es del año de 1594, y corresponde al tiempo de la administración de Zárate, que mandó transcribir la acta de la segunda fundación, por estar tan deteriorado el original que ya no era posible descifrarlo.

A más de esta copia, existe otro documento del tenor siguiente: «Yo Mateo Sánchez, Escribano público y de Cabildo de esta ciudad de la Santísima Trinidad, Puerto de Buenos Aires, doy fe, y verdadero testimonio a los que lo presente vieren, como por el libro y autos de la fundación de esta ciudad, que se pobló y fundó el año de 1580 años, y 11 días del mes de junio de dicho año, se hizo la primera elección de alcalde y regidores por el general Juan de Garay. Todo lo cual consta por los dichos autos de la dicha fundación del dicho año a que me refiero; y a pedimento del tesorero Pedro Monsalvo, di este, firmado de mi nombre, en esta ciudad de la Trinidad, a 11 de agosto de 1594.»

La fecha de 11 de junio de 1580, y el primer nombramiento de alcalde y regidores, son circunstancias que no se mencionan en el otro documento, y que bastan a desmentir el título que se le da, de *Acta de la fundación de Buenos Aires*: siendo más bien la del repartimiento de solares y chacras a sus pobladores. De la una como de la otra no se hallan más que testimonios, refrendados por un escribano público.

Pero si no faltan datos para probar que Juan de Garay reedificó Buenos Aires el día 11 de junio 1580, ninguno existe que señale la época de su primera fundación.

Por más ociosa que sea esta investigación no ha dejado de dar materia a una acalorada polémica entre algunos argentinos, cuyos debates publicó, en el Telégrafo de 1801, el coronel don Francisco Antonio Cabello, *primer escritor periódico* (según se titula) de estas provincias. Nos habíamos propuesto reproducir estos artículos, pero hemos advertido lo poco o ningún provecho que sacarían de ellos nuestros lectores: sobre todo, después que Azara (que tuvo a su disposición el archivo de la Asunción, y que pudo registrar los de España) sentó, con un laconismo que acredita convencimiento, que «don Pedro de Mendoza fundó con su armada, *el día de la Purificación de* 1535, la ciudad de Buenos Aires.»[1]

Otro documento, que pertenece a la historia de la fundación de Buenos Aires, es el repartimiento de los indios hecho por Garay, y que por primera vez publicamos íntegro, por estar truncas las pocas copias que corren, inclusa la que se registra en los libros capitulares. El autógrafo de este precioso documento se halla en poder nuestro, y es probable que sea el más antiguo monumento histórico que se conozca en estas provincias:—monumento importante, porque nos da la tradición de sus habitantes primitivos, que desaparecieron en la lucha que sostuvieron contra los españoles. De la nación Querandís, a la que pertenecían, se ha borrado hasta el nombre, y los pocos que sobrevivieron al exterminio de su raza, transitaron el Río Negro, y se confundieron con otra tribu, o más bien la fundaron, con el nombre de *Teguelchos.*[2]

---

1   *Apuntamientos para la historia natural de los cuadrúpedos del Paraguay y del Río de la Plata*, Madrid, 1802, Tom. II, pág. 208.

2   Su verdadero nombre es *Theghuelches*, que en el idioma araucano significa «gente de los pájaros» (*theghul*, especie de pajarillo, que la gente del campo llama «frailecito» y *che* gente). No debe creerse por esto que los querandís fuesen de origen chileno; siendo al contrario la única tribu indígena de las costas occidentales del Río de la Plata, y que aún ahora conserva rasgos que la distinguen de las demás tribus. El más característico es su idioma, que casi no tiene analogía con el que hablan los pampas,

Estos son los únicos actos que quedan de la administración de Garay; y si el arcideán Centenera no hubiese cedido a su numen, para cantar los episodios de la conquista del Río de la Plata, tal vez se hablaría del fundador de Buenos Aires, como Mondéjar hizo del de Cádiz —escribiendo obras llenas de citas y conjeturas.

Buenos Aires, noviembre de 1836.

Pedro de Angelis.

P. S.

Después de impresos estos documentos sobre la fundación de Buenos Aires, el señor general don Ángel Pacheco nos ha comunicado otra copia de ellos, que había sacado para su uso, del archivo general. De su cotejo resultan algunas pequeñas diferencias en las mercedes hechas por Garay,[3] a más del reparto hecho en el Riachuelo y en Luján, que registramos a continuación para completar los que hemos publicado.

Página 7, después de las mercedes en la Isla del Gato, se agregue:

1. Luego, Alonso de Escobar, con 3.000 varas de frente, y han de tener Alonso

2. de Escobar y Ancón Higueras una aguada grande, que está en el camino por donde pasamos.

---

los ranqueles, los borogas, los huilliches, los puelches y los peguenches, todos ellos habitantes de las pampas, y que han venido del otro lado de la Cordillera. No estará de más el dar la explicación de estos nombres.

Pampa; campo abierto, voz de la antigua lengua *quécchua*, o peruana.

Ranqueles; los de los carrizos; de *rancúlhue*, carrizal.

Borogas; los de los huesos; de *voróhue*, lugar de los huesos.

Huilliches; gente occidental; de *gullhue*, poniente, y che, gente.

Puelches; gente oriental; de *puel*, oriente.

Peguenches; gente de los pinales; de *pehuen*, pinos.

3   Por ejemplo, la que señaló a don Domingo Martel de Guzmán no tiene designación de varas en los libros del Cabildo; mientras la copia que nos ha servido de texto, le asigna 3000 varas.

3. Luego, Ancón Higueras, con 3.000 varas de frente, digo: que entre Juan Fernández de Enciso y Alonso de Escobar, ha de entrar Baltazar de Carbajal, y lo demás no vale.

4. Luego, al linde Cristóbal Altamirano, con 3.000 varas de frente.

5. Luego, Alonso Gómez, con 3.000 de frente.

6. Luego, Ancón Roberto, con 3.000 de frente.

7. Luego, Isarra, con 3.000 de frente.

8. Luego, Pedro de Quirós, con 3.000 de frente.

9. Luego, Pedro Pérez, con 3.000 de frente.

10. Luego, Luis Gaitán ha de empezar desde una punta que está como legua y media del pueblo, y ha de tener con 3.000 de frente.

11. Luego, desde aquella punta ha de empezar el señor adelantado Juan de Torres de Vera, y ha de correr hacia el río, digo, hacia el Paraná, a dar en unos asientos y labores que están allí de los naturales: y desde allí ha de correr por frente, hasta dar en la boca del Riachuelo del Puerto Santa María de Buenos Aires, y con aquel anchor y por aquel derecho, ha de correr a la tierra adentro, legua y media.

En el Riachuelo.

1. Otrosí, señalo por tierras del capitán Alonso de Vera, en dicho Riachuelo, del puerto de la banda de la ciudad, desde 100 varas de medir más arriba, de donde está una nao perdida en el Riachuelo, 1.000 varas de frente, por el Riachuelo arriba la tierra adentro, hasta dar en el ejido.

Luján.

1. Otrosí, señalo para el señor adelantado Juan de Torres de Vera el valle de Corpus Christi, que por otro nombre se llama el río de Luján, la tierra firmo de dicho valle, hacia la parte de Santa Fe otro pedazo de tierra, y ha de tener por el riachuelo, arriba de la tierra firme, 3.000 varas de frente, y por el riachuelo abajo por los anegadizos, hasta frontera de las casas de los Guaranís, y ha de ir confrontando con el riachuelo, y por la tierra adentro correr hacia el río de las Canoas, y para donde estuviere dado otra suerte, hacia la parte de los anegadizos, luego por el riachuelo arriba, 3.000 varas de frente, al capitán Alonso de Vera.

2. Luego, Juan Ruiz, otras 3.000 varas de frente.

3. Luego, Juan Rodríguez, otras 3.000 varas de frente.

4. Luego, Gerónimo Martínez, otras 3.000 varas de frente.

5. Luego, Juan Domínguez, otras 3.000 varas de frente.

6. Luego, Pedro de la Torre, otras 3.000 varas de frente.

7. Luego, Lázaro Griveo, otras 3.000 varas de frente.

8. De la otra banda del dicho riachuelo, hacia la C. de la F., señaló el dicho señor general Juan de Garay otra tanta suerte, como lo señalado de la otra banda del riachuelo por el señor adelantado, y ha de confrontar con el dicho riachuelo, y ha de correr la tierra hacia la ciudad de la Trinidad.

9. Luego, a mi linde, por el riachuelo arriba, Pedro de Sayas, con 3.000 varas de frente.

10. Luego, Hernando de Mendoza, con 3.000 varas de frente.

11. Luego, Juan de Garay, mi hijo natural, con 3.000 varas de frente.

12. Luego, Pedro Fernández, con 3.000 varas de frente.

13. Luego, Alonso Parejo, otras 3.000 varas de frente.

14. Luego, Juan Martín otras 3.000 varas de frente.

15. Luego, Antonio Bermúdez, otras 3.000 varas de frente.

16. Luego, Sebastián Bello, otras 3.000 varas de frente.

17. Luego, Estevan Ruiz, otras 3.000 varas de frente.

18. Luego, Andrés Méndez, otras 3.000 varas de frente.

19. Luego, a linde con Lázaro Griveo, de la otra banda, Domingo Irala.

20. Luego, a la misma banda, Juan de Carbajal otras 3.000 varas de frente.

Fundación de la ciudad de Buenos Aires

Juan de Garay, teniente gobernador y capitán general en todas estas provincias del Río de la Plata, por el muy Ilustre señor adelantado Juan de Torres de Vera, adelantado, gobernador y capitán general, justicia mayor y alguacil mayor de todas estas Provincias, conforme a las capitulaciones que el muy Ilustre señor adelantado Juan Ortiz de Zárate (que haya gloria) hizo con la Majestad Real del rey don Felipe (fue el II de este nombre), Nuestro señor, y a mi, por virtud de sus poderes reales, y el dicho adelantado Juan de Torres de Vera me tiene dados para que, en nombre suyo y de S. M., yo gobierne estas Provincias y haga en ellas las poblaciones que me pareciere ser convenientes para ensalzamiento de Nuestra Santa Fe Católica y para aumento de la Real Corona de Castilla y de León: y así como tal teniente y capitán general y justicia mayor, he sido recibido en todas las ciudades que están pobladas en esta dicha gobernación, así por mi persona como por mis poderes he sido recibido en ellas, y puestas las justicias de mi mano, y recibido y usado los dichos poderes; debajo de los cuales en todo este tiempo, después que fui recibido, he hecho todo lo que me ha parecido ser cosa conveniente y necesaria para el bien de esta gobernación, así en pacificar los naturales alterados, como en otras cosas que se han ofrecido: y así, por virtud de los dichos poderes, y en nombre de S. M., yo levanté estandarte real en la ciudad de la Asunción, y publiqué y mandé publicar la población de este Puerto de Santa María de Buenos Aires, tan necesaria y conveniente para el bien de toda esta gobernación y de Tucumán, y para que se entienda y se predique Nuestra Santa Fe Católica entre todos los indios naturales que hay en estas provincias: y así, con celo de servir a Dios Nuestro señor, se asentaron en la ciudad de la Asunción sesenta soldados, y se metieron debajo del estandarte real, y vinieron y están conmigo sustentando esta dicha población; habiendo hecho muchos gastos de sus haciendas, y pasado muchos trabajos en cosas que se han ofrecido. Y así, usando de los poderes reales que S. M. el rey don Felipe, Nuestro señor, dio al muy Ilustre señor adelantado Juan Ortiz de Zárate (que haya gloria) para él y para su sucesor y sus capitanes, yo en nombre de S. M. he empezado a repartir, y les reparto a los dichos pobladores y conquistadores, tierras y caballería y solares y cuadras, en que puedan tener sus labores y crianzas de todos ganados: las cuales dichas tierras y estancias y huertas y cuadras, las doy y hago merced en nombre de S. M. y del dicho gobernador, para que como cosa propia suya puedan en ella edificar, así casas como corrales, y poner cualesquier ganados, y hacer cualesquier labranzas que quisieren y por bien tuvieren, y poner cualesquiera plantas y árboles que quisieren y por bien tuvieren, sin que nadie se lo pueda perturbar, como si lo hubiese heredado de su propio patrimonio: y como tal puedan dar y vender y enajenar y hacer lo que por bien tuvieren; con tal que sean obligados a sustentar la dicha vecindad y población cinco años, como S. M. lo manda por su real cédula, sin faltar de ella, sino fuere con licencia del gobernador o capitán que estuviere en la dicha población, enviándoles a cosas que convengan y que sean obligados a acudir, conforme rezare la tal licencia. Donde no, lo sustentaren en esta, o pueda el capitán o gobernador repartirlo o encomendarlo de nuevo en las personas que sustentaren la dicha población y sirvieren en ella a S. M. Y porque conviene, por el riesgo que al presente hay de los naturales alterados, que para hacer sus labores más seguras y con menos riesgo de sus personas y de sus sementeras, que cada vecino y poblador de esta ciudad de la Trinidad y Puerto de Buenos Aires, tengan un pedazo de tierra, donde con facilidad lo puedan labrar y visitar cada día: así, en nombre de S. M. y de la manera y forma que dicho tengo, les señalo y hago merced, en nombre de S. M., y en la forma que dicho tengo, sus pedazos de tierras por la vera del gran Paraná arriba, en la forma siguiente: SUERTES.

VARAS DE TIERRA.

1. A Luis Gaitán, tomando por lo más derecho, y ha de empezar desde una punta que está arriba de la ciudad, hacia el camino por donde vienen de la ciudad de Santa Fe, y han de llegar la frente de esta tierra y todas hasta la ribera del Paraná, y costa la tierra adentro ella, y de todas las demás, una legua, o hasta donde el ejido, que tengo señalado para la ciudad, diere lugar: porque si antes lo descabezare alguna suerte del ejido, ha de correr la dicha legua por la tierra adentro, aunque sea en perjuicio de las suertes
500

2. Otrosí, señalo a Pedro Álvarez Gaitán en la forma dicha — 350

3. Otrosí, a Domingo de Irala — 350

4. Otrosí, para mí, desde su linde — 500

5. Luego, para el alcalde Rodrigo Ortiz de Zárate — 500

6. Luego, Miguel López Madera — 350

7. Luego, Miguel Gómez — 350

8. Luego, Gerónimo Pérez — 350

9. Luego, Juan de Basualdo — 350

10. Luego, Diego de la Barrieta — 400

11. Luego, Víctor Casco — 400

12. Luego, Pedro Luis — 400

13. Luego, Pedro Fernández — 400

14. Luego, Pedro Franco — 400

15. Luego, Alonzo Gómez — 350

16. Luego, Estevan Alegre — 350

17. Luego, Pedro de Izarra — 400

18. Luego, Juan Fernández de Zárate — 350

19. Luego, Baltazar de Carbajal — 350

20. Luego, Antonio Bermúdez — 400

21. Luego, Jusepe de Salas — 300

22. Luego, Francisco Bernal — 350

23. Luego, Miguel del Corro — 350

24. Luego, Bernabé Veneciano — 350

25. Luego, Cristóbal Altamirano — 350

26. Luego, Pedro de Jeréz — 350

27. Luego, Sebastián Bello — 350

28. Luego, Juan Domínguez — 400

29. Luego, Pedro Izbran — 350

30. Luego, Pedro Rodríguez — 350

31. Luego, Pedro de Quirós — 400

32. Luego, Alonso Escobar — 400

33. Luego, Ancón Higueras — 400

34. Luego, el alcalde don Gonzalo Martel de Guzmán — 400

35. Luego, Juan Ruiz — 400

36. Luego, Juan Fernández de Enciso	400
37. Luego, Hernando de Mendoza, alguacil mayor	400
38. Luego, Pedro Morán	400
39. Luego, Rodrigo de Ibarrola	400
40. Luego, Andrés de Vallejo	400
41. Luego, Pedro de Sayas Espeluca	400
42. Luego, Lázaro Griveo	400
43. Luego, Juan de Carbajal	400
44. Luego, Pantaleón	350
45. Luego, Pedro de Medina	350
46. Luego, Juan Martín	350
47. Luego, Estevan Ruiz	350
48. Luego, Andrés Méndez	350
49. Luego, Miguel Navarro	350
50. Luego, Sebastián Fernández	350
51. Luego, Juan de España	300
52. Luego, Ambrosio de Acosta	300
53. Luego, Rodrigo Gómez	350
54. Luego, Pablo Simbron	300
55. Luego, Ancón Roberto	400
56. Luego, Gerónimo Martínez	400
57. Luego, Pedro de la Torre	400
58. Luego, Domingo de Arcaméndia	400
59. Luego, Ana Díaz.	300
60. Luego, Ancón de Porras.	400
61. Luego, Ochoa Márquez.	400
62. Luego, Juan Rodríguez.	400
63. Luego, Alonzo Pareja.	400
64. Luego, Pedro Hernández.	400
65. Luego, Juan de Garay.	400
	——
	24, 500 varas.
	——

Otrosí, prosigo, señalo y hago merced, en nombre de S. M. a los dichos vecinos, en la forma susodicha, para que con más voluntad sustenten la dicha población, y atento sus gastos y trabajos, de otras suertes de tierras, en la forma siguiente:

Valle de Santana.

Primeramente en el Valle de Santana, que es hacia la parte del Tubichamini.

1. Primeramente a Pedro Rodríguez, en el Valle de Santana, a la otra banda, 3.000 varas de medir de frente, y han de ir a afrontar con el gran Paraná, y ha de correr esta suerte, y todas las demás que señalare, donde quiera que las señalare de aquí adelante, legua y media por la tierra adentro: y esto, sino fuere topándose algunas suertes por estar dadas, por otros valles y quebradas diferentes, y venirse a encontrar, hánse de partir por medio las tierras que hubiere entre las dichas suertes, como no puedan gozar de la dicha legua y media cada suerte. 3.000 varas.

2. Otrosí, a Pedro Izbran, a la otra banda de su linde. 3.000

3. De esta otra banda hacia la ciudad, en el dicho valle, a Pedro 3.000
Montes.

4. Luego, Miguel Navarro. 3.000

5. Luego, Juan de Bascaldo. 3.000

6. Luego, Miguel del Corro. 3.000

7. Luego, Gerónimo Pérez. 3.000

8. Luego, Pedro Luis 3.000

9. Luego, ha de empezar Pedro Fernández, de esta otra banda del 3.000
Valle de Santiago, que por otro nombre llaman los indios la *Isla de las Conchas*, y ha de tener de frente

10. Luego, Miguel Gómez 3.000

11. Luego, Francisco Bernal 3.000

12. Luego, Bernabé Veneciano 3.000

13. Luego, Miguel López Madera 3.000

14. Luego, el alcalde Rodrigo Ortiz de Zárate ha de empezar desde una   3.000
isla que llamamos la *Isla de los Guaranís*, y ha de entrar la dicha isla en
su suerte, y correr hacia el río por los asientos que tenían los Guaranís,
y desde allí ha de correr hacia la ciudad

15. Luego ha de entrar Pedro Álvarez Gaitán   3.000
16. Luego, Víctor Casco   3.000
Isla del Gato
17. Luego, ha de empezar Diego de Olavarrieta desde la isla que lla-   3.000
mamos del Gato, que ha entrar en su suerte
18. Luego, Juan Fernández de Enciso   3.000
19. Luego, a linde con Lázaro Griveo, de la otra banda, Domingo de   3.000
Irala
20. Luego, a la misma banda, a Juan de Carbajal   3.000

Río de la TrinidadOtrosí, señalo por tierras de don Domingo Martel de Guzmán, desde la boca del riachuelo de la Trinidad hasta el riachuelo de las Conchas, y ha de correr con otra suerte por la tierra adentro, legua y media 3.000

Cañada de la Cruz de Armada, hacia la ciudad

Otrosí, en el riachuelo que llamados del Socorro de las canoas, hasta la   3.000
parte de la ciudad, a Pedro Franco
2. Luego, a su linde, por el riachuelo arriba la frente, a Andrés Vallejo   3.000
3. Luego, Jusepe de Sayas   3.000
4. Luego, Rodrigo Gómez   3.000
5. Luego, Pedro Simbron   3.000

Río del Espíritu Santo.
1 y 2. Luego, sobre el río del Espíritu Santo, que por otro nombre se llama el Río de las Palmas, Rodrigo de Ibarrola y Domingo de Arcaméndia han de tener sus tierras y estancias: Ibarrola hacia la parte del riachuelo, y Arcaméndia hacia el río arriba, y han de partirse lindes donde está una cruz en

un algarrobo, y Pedro de Medina ha de empezar en el riachuelo del Socorro, desde el paso, a lindes con Ibarrola.[4]

3. Otrosí, al linde de Pedro de Medina, por el riachuelo arriba, a Juan de Espada	3.000
4. Otrosí, señalo a Estevan de Alegre	3.000
5. Otrosí, señalo a Sebastián Fernández	3.000
6. Otrosí, a Ambrosio de Acosta	3.000
7. Otrosí, por el río arriba del Espíritu Santo, a linde de Domingo de Arcaméndia, a Ochoa Márquez	3.000
8. Luego a linde con Ochoa Márquez, a Ancón de Porra	3.000
9. Luego a Pantaleón	3.000

Fecha en esta tierra firme del Espíritu Santo, llamada por otro nombre el Río de las Palmas, a 24 de octubre de 1580. Juan de Garay

—Por mandado del señor general, Pedro Fernández, Escribano público.

Digo y declaro yo, el general Juan de Garay, que ha sido y es siempre mi voluntad en el señalamiento de todas estas tierras, que entre cada dos suertes quede siempre un camino, que vaya corriendo desde el camino principal hasta los ríos y aguadas. Y así mando que se cumpla; y el camino ha de tener doce varas de medir, de ancho. Juan de Garay. Por mandado del señor general, Pedro Fernández, Escribano público.

Y así sacado el dicho traslado, fue corregido y concertado con el original, de donde se sacó por mí el dicho Escribano, y queda en mi poder, con el cual va cierto y verdadero. Y de mandado de Su Señoría del señor gobernador, saqué este traslado en esta ciudad de la Trinidad, en 15 días del mes de febrero de 1594; y fice mi firma que es tal. En testimonio de verdad. Mateo Sánchez, Escribano de Cabildo.

CONFIRMACIÓN.

Don Hernando de Zárate, Caballero del hábito de Santiago, gobernador, teniente general de visorey. Capitán general, justicia mayor de estas Provincias del Río de la Plata y Tucumán, por S. M. Habiendo visto la fundación de

---

4   No se ponen las varas que estos tres individuos deben tener.

esta ciudad y condiciones de ella, mandé que se guarde y cumpla y ejecute así la dicha fundación y condiciones de ella, ahora y para siempre jamás: porque yo desde luego las confirmo, apruebo y ratifico, para que sean firmes y verdaderas: y mando que nadie las quebrante, ni vaya contra ellas, ni parte de ellas; so pena de 500 pesos de oro para la Cámara de S. M., en los cuales desde luego doy por condenados a los que lo contrario hicieren. Sobre lo cual di este, firmado de mi nombre, en esta ciudad de la Trinidad, en 16 de febrero de 1594. Don Hernando de Zárate. Ante mi, Mateo Sánchez, Escribano de Cabildo.

AUTO.

Hernando Arias de Saavedra, gobernador, capitán general, justicia mayor de estas Provincias y gobernación del Río de la Plata; por el rey Nuestro señor. Por cuanto en la vista que hice a esta ciudad de la Trinidad, hallé que el padrón de los indios que repartió a los pobladores de ella el general Juan de Garay, primer poblador (que sea en gloria) está muy roto y maltratado, y para que no se pierda ni oscurezca lo que le dieron y repartieron a cada vecino y poblador en la dicha población; y que por el dicho padrón se averigüe la justicia de cada uno; mando al Escribano de Cabildo de esta ciudad, lo saque y traslade en dicho libro, en que están escritas las tierras y estancias que repartieron a los dichos pobladores, y lo autorice de manera que haga fe, y que el dicho padrón viejo se inserte en este libro, juntamente el dicho traslado: lo cual mando así se haga y cumpla. Que es fecho en esta ciudad de la Trinidad, a 16 días del mes de abril de 1598. Hernando Arias de Saavedra. Ante mi, Mateo Sánchez, Escribano de Cabildo.

E yo el dicho Escribano, en cumplimiento de lo mandado por el señor gobernador, saqué y trasladé los dichos padrones que hay en esta ciudad, que unos en pos de otros son del tenor que se sigue.

REPARTIMIENTO DE INDIOS.

Miércoles, en 28 días del mes de marzo, año del señor de 1582 años. El señor general Juan de Garay, teniente de gobernador y capitán general en todas estas Provincias del Río de la Plata, por el muy Ilustre señor, el señor adelantado Juan de Torres de Vera y de Aragón, adelantado, y gobernador y capitán general y alguacil mayor de todas estas Provincias, por la Majestad real del rey don Felipe (el II), Nuestro señor, conforme a las capitulaciones que S. M. hizo con el adelantado Juan Ortiz de Zárate (que sea en gloria) dijo: como tal capitán general, y primer fundador y poblador de la ciudad de la Trinidad y puerto de Santa María de Buenos Aires, él, en nombre de la Santísima Trinidad, Dios padre, Dios Hijo y Dios Espíritu Santo, y de la Virgen Gloriosa Santa María, Nuestra Señora, y en nombre de la Majestad real del rey don Felipe, Nuestro señor, arrimándose y amparándose con las cédulas y provisiones reales, que S. M. tiene dadas y concedidas en favor de los capitanes que en su real nombre poblaren y fundaren cualesquier pueblos y ciudades, repartía, y repartí, todos los indios naturales que había en las Provincias de la ciudad de la Trinidad, a los pobladores y fundadores y conquistadores de la dicha ciudad, en alguna recompensa de los muchos gastos y trabajos que han tenido en la dicha población. El cual repartimiento hizo en presencia de mí, Pedro Fernández, Escribano nombrado para las cosas y negocios de la dicha ciudad de la Trinidad, en la forma siguiente:

1. Primeramente, al señor adelantado Juan de Torres de Vera y Aragón, en los caciques Francisco, Eraan, Guaranís en la islas.

2. Otrosí dijo, que ponía en cabeza del capitán Rodrigo Ortiz de Zárate, el cacique Diciumpén, de nación Loxae, que por otro nombre se dice Oracutaguae, con los indios al dicho cacique sujetos.

3. Otrosí dijo, que ponía en cabeza de Alfonso de Escobar, el cacique Tugalbampen, de nación Megray, y con todos los indios sujetos a dicho cacique.

4. Otrosí dijo, que ponía en cabeza de Diego de la Olavarrieta, el cacique Colaeste de nación Cenernelaguay, y por otro nombre Senivitaguay, con todos los indios sujetos al dicho cacique.

5. Otrosí dijo, que ponía en cabeza de Antonio Bermúdez, el cacique Coaspon, de nación Tassehes, con todos los indios sujetos al dicho cacique.

6. Otrosí dijo, que ponía en cabeza de Hernando de Mendoza, el cacique Pacarospaen, de nación Llasembes, con todos los indios sujetos a dicho cacique.

7. Otrosí dijo, que ponía en cabeza de Pedro Fernández, el cacique Cabucote, de nación Dallousembes, con todos los indios sujetos a dicho cacique.

Yo, Gómez de Saravia, Escribano público y de Cabildo de esta ciudad de la Trinidad, Puerto de Buenos Aires, por el rey Nuestro señor, doy fe, que en un cabildo de los que hay en el libro nuevo, y de los cabildos que se hacen por la justicia y Regimiento de esta ciudad, está un capítulo, que con la cabeza y pie de dicho cabildo, es como sigue:

Libro de acuerdos, número 25

Por decreto del alcalde don Pedro de Alvarado, de 25 de septiembre de 1690, dado a pedimento de don Juan de Herrera, por ante el Escribano de S. M. Tomás Galloso, se sacó el testimonio de lo siguiente.

TESTIMONIO.

Y en conformidad de lo mandado en el decreto antecedente, yo Tomás Galloso, Escribano de S. M., público y de Cabildo de esta ciudad de la Trinidad, Puerto de Buenos Aires, Provincia del Río de la Plata, doy fe y verdadero testimonio a los Señores que el presente vieren, que los recaudos presentados por el capitán Juan de Herrera Hurtado, vecino morador de esta dicha ciudad y puerto, de que pide testimonio, según se menciona en la petición que para este ministerio presentó ante el capitán don Pedro de Alvarado, alcalde ordinario de esta dicha ciudad y jurisdicción, por S. M. (Dios le guarde): los cuales recaudos fueron sacados, en mi presencia, del archivo y caja de tres llaves, que tiene el Cabildo, justicia y Regimiento de esta dicha ciudad, dentro de la Sala Capitular de sus acuerdos: cuyo tenor de dichos recaudos, a la letra, es el siguiente.

TESTIMONIO.

En la ciudad de la Trinidad, puerto de Buenos Aires, a 6 días del mes de diciembre de 1608 años, se juntaron a Cabildo, la justicia y Regimiento de esta ciudad, que son: Hernando Arias de Saavedra, gobernador y capitán general de estas Provincias, y el capitán Manuel de Frías; y el capitán Simón de Valdéz, Tesorero Juez y Oficial Real de Hacienda; y el capitán Víctor Casco de Mendoza, alférez real; y Bernardo de León, Depositario general; y Ancón Higueras de Santana; Juan Nieto de Humanes; Bartolomé López, regidores; y Pedro de Frías, Fiel Ejecutor; y estando presente Diego de Trigueros, Provisor general de esta Ciudad. El dicho señor gobernador dijo y propuso: que por cuanto cada día vienen quejas ante Su Señoría, agraviándose los vecinos y moradores de esta ciudad, en razón de las tierras y chacras y estancias que tienen, diciendo, que otros vecinos se les meten en parte de ellas; todo a causa de la poca justificación, cuenta y razón que hay en lo que a cada uno pertenece; de no hacerse luego las medidas y amojonamiento como conviene; y así mismo muchas personas tienen y poseen tierras, sin títulos, orden ni razón alguna; y otras que se han dado por personas no legítimas en nombre de S. M. Y para que en todo haya el remedio que conviene, y sean desagraviados los que lo estuvieren, y se sepa lo que está vaco y se goce sin orden ni títulos, para ponerlo en cabeza de S. M., ha tomado S. S. acuerdo de que se vea lo que conviene, y a cada uno toca, y se determine conforme a repartimiento de la fundación y mercedes hechas por el poblador: y para el dicho efecto, y para que se midan y amojonen, proveyó auto, para que todas se hallasen presentes a la dicha medición y amojonamiento, y tuviesen y exhibiesen sus títulos, para con ellos y los registros en las manos, enterarles y desagraviarles; y para ello se dio edicto y pregón, citándoles. Y por ser lo susodicho cosa conveniente al bien común de los vecinos y moradores de esta ciudad, lo trata en este Cabildo, para que les conste de ello. Y habiéndose conferido y tratado en el dicho Cabildo, y vistos los registros y repartimientos de las tierras, chacras y estancias hechas por el poblador, no se halló claridad del rumbo por donde se han de medir las dichas tierras, y se difirió la resolución, de lo que en la dicha razón se ha de hacer, para el lunes siguiente en este Cabildo. Y con esto se acabó, y lo firmaron. Siguen los mismos que se mencionan al principio, y el escribano *Cristóbal Remón.*

OTRO ACUERDO.

Acuerdo celebrado el Lunes, 8 de diciembre de 1608, al que concurrió el señor gobernador y demás individuos que en el antecedente. En él se trató lo que convenía hacerse, en razón de las medidas, amojonamientos de las tierras y chacáras, y de todo lo demás propuesto en el acuerdo antecedente del sábado, 6 de este presente mes y año. Y habiéndose visto los papeles y registros de la fundación, y que por ellos no se halla ni consta el rumbo que se ha de tomar en las dichas medidas, todos los dichos Capitulares de un acuerdo resolvieron, que conviene se dé el rumbo que se ha de llevar para hacer las medidas, y se nombren y diputen personas peritas, que informados de las personas antiguas de esta ciudad, de la forma en que, al tiempo de la fundación, o después en las medidas que se han hecho, se tomó el dicho rumbo, para que declaren y señalen el que se ha de llevar y tomar, como en sus conciencias les pareciere, para que no haya agraviado, y debajo de juramento, después de haberlo visto por vista de ojos, lo declaren ante mí, el presente Escribano, para que visto el dicho rumbo o rumbos que se echaren, se hagan las dichas medidas y amojonamientos. Las cuales personas den también rumbos al ejido que por el poblador pareciere haberse señalado; y para el dicho efecto, los dichos Capitulares, de un acuerdo, nombraron a los dichos capitanes, Manuel de Frías y Francisco de Salas, alcaldes ordinarios, y a Víctor Casco de Mendoza, y a Ancón Higueras de Santana. Los cuales juraron a Dios y a una cruz, en forma de derecho, de que bien y fielmente le darán y declararán los dichos rumbos en sus conciencias, como al reconvenir con la vista de ojos, e informados de las personas antiguas, los que se han llevado y deben llevar, sin hacer agravio; y visto y dados los dichos rumbos, parecerán a declararlos en el libro de Cabildo, ante mi el presente Escribano. Con lo que se concluyo este acuerdo y lo firmaron con el dicho señor gobernador.

Declaración del rumbo de las calles de la ciudad.

En 16 días del mes de diciembre de 1608, en presencia de mí el Escribano, parecieron los capitanes Manuel de Frías y Francisco de Salas, alcaldes ordinarios, Víctor Casco de Mendoza, alférez real, y Ancón Higueras de Santana, regidores, personas nombradas y diputadas por el Cabildo, para ver y declarar los rumbos del ejido, tierras y estancias de esta ciudad. Y habiendo jurado primero a Dios y a una cruz, en forma de derecho, de decir verdad, dijeron: Que por orden de dicho Cabildo han visto por vista de ojos el ejido de esta ciudad, para declarar el rumbo que se le ha de dar, e informados de personas antiguas, y habiendo hecho experiencia por el aguja, y llevando para ello a personas que lo entienden, declaran, que el rumbo se ha de dar la tierra adentro al ejido, que parece más conforme a la disposición del terreno, y comodidad de las tierras del dicho ejido y chacras; y el que han podido rastrear que se ha tenido y llevado hasta ahora, es de nordeste sudeste, y por las cabezadas, su travesía, y por frente, la barranca de la costa de la mar. Y esto se entienda para el rumbo de dicho ejido y de las chacras que han de correr, y corren, desde esta ciudad al río de las Conchas: y que los demás rumbos, que se han de tomar y tener las demás chacras y tierras, las irán declarando como fueren viendo las tierras. Y esto declararon debajo de juramento, y en sus conciencias, y lo firmaron con el dicho Escribano:— *Cristóbal Remón.*

Declaración de los rumbos de las chacras del Riachuelo.

En 10 días del mes de diciembre de 1608, en presencia de mi el Escribano, parecieron los dichos alcaldes y regidores de la diligencia antecedente, como diputados nombrados por el Cabildo, para ver y declarar el rumbo que se ha de tomar en la medida del ejido, chacras y tierras, y dijeron. Que ellos han visto las chacras del Riachuelo de los navíos que están de la parte de esta ciudad, y han llevado personas que lo entienden, y que con el aguja han hecho la experiencia para ver el rumbo: y debajo de juramento que hicieron a Dios y a una cruz, declaran, que el rumbo que se ha de tomar y llevar en las medidas de las dichas chacras referidas, y que se señala, es la tierra adentro, de sudeste a noroeste, y por sus cabezadas, de nordeste a sudeste, y la frente, la barranca del Riachuelo.[5] Y lo firmaron los dichos cuatro Capitulares con el Escribano
—*Cristóbal Remón.*
Rumbos y medidas del ejido.

En 16 días del mes de diciembre de 1608. El señor Hernando Arias de Saavedra, gobernador y capitán general de estas Provincias, salió de esta ciudad de la Trinidad, a medir y amojonar el ejido de ella, juntamente con el capitán Víctor Casco de Mendoza, Bartolomé López y Juan Nieto de Humanes, regidores; personas nombradas por el Cabildo para asistir a la dicha medida y amojonamiento; y Francisco Bernal y Martín de Rodrigo, medidores y amojonadores juramentados; y estando fuera de los solares de esta ciudad, al fin de la calle de la Plaza, donde está el solar de las casas de Cabildo, que es al poniente, se tomó con el aguja el rumbo que tienen las

---

5   En el testimonio dice, de sudeste a nordeste; pero en el original libro núm. 1 de acuerdos, a fojas 302, dice, de sudeste a norueste, y por sus cabezadas, de nordeste a sudeste.

calles, que es de norte a sur, y se comenzó a medir; primero, desde el fin de la cuadra de la plaza, la mitad de la frente del dicho ejido, por la banda de esta ciudad hacia la de Santa Fe; respecto de que por la dicha banda se señaló por el poblador, por mojón de la frente del ejido la primera punta que hace la barranca del Río de la Plata, yendo hacia el río de las Conchas, y no se halla claridad del linde de la frente del dicho ejido de la banda del Riachuelo. Y se le echaron a la dicha mitad, de frente, doce cuerdas de a ciento cincuenta y una varas; y vino a caer el mojón nuevo en la Cruz Grande de la Ermita de San Sebastián, que es un poco más adelante de la dicha punta; y la dicha cruz se señaló, y quedó por mojón el sitio donde está. Y habiéndose tomado por ella la derecera por los rumbos de las calles, se midió desde la barranquilla donde bate el agua del río, la tierra adentro, la legua de largo que señaló y dio el fundador para el dicho ejido, y se puso un mojón junto al camino real que va al Monte Grande. Y acabada la dicha legua, se puso otro mojón, desde el cual se tomó el rumbo para la derecera de las cabezadas del dicho ejido, y se midieron y echaron veinticuatro cuerdas, y se puso otro mojón, que vino a caer en frente del Corral viejo de las Vacas. Y en este estado quedó por ser tarde. Y lo firmaron testigos, Álvaro de Mercado y Juan Durán. Hernando Arias de Saavedra. Ante *Cristóbal Remón*.
OTRO ACUERDO.

En 17 días del dicho mes y año, el dicho señor gobernador, regidores y medidores, salieron a medir y amojonar la otra mitad del ejido por la banda del Riachuelo de los navíos: y estando en la misma boca de la calle, donde ayer se midió la otra mitad, por los mismos rumbos de las calles se fue midiendo la otra mitad de frente, hacia la dicha parte del Riachuelo, y se hallaron otras tantas medidas como a la otra mitad: y se puso un mojón en la punta de la zanja de la cuadra de Ruiz Díaz de Guzmán. Y de allí, por los mismos rumbos de las calles, se tomó con el aguja la derecera de la tierra adentro, y desde la barranquilla, donde bate el agua del río, se midió la legua de largo, y se puso otro mojón más adelante: y ajustada la dicha legua, vino a caer el mojón en el que estaba hecho de las cabezadas, frontero del Corral de las Vacas. Y lo firmaron el dicho señor gobernador, testigos y Escribano.

AUTO Y DECLARACIÓN.

Este día, estando en la chacra de Mateo Leal de Ayala, alguacil mayor de esta ciudad, donde fueron a medir las chacras de la banda del Riachuelo; antes de hacerse, parecieron con sus títulos el dicho alguacil mayor y Álvaro de Mercado, y la parte de Francisco Pérez de Burgos, que tienen allí sus chacras: y habiéndolas visto por vista de ojos, el dicho señor gobernador mandó, que se fuesen midiendo desde la Isla del Pozo, donde comienza la chacra de Alonso de Mercado hacia esta ciudad, y que este orden se guarde siempre: y señaló por mojón la dicha isla, y desde allí se midieron y amojonaron las chacras y la demás tierra que hubo hasta el ejido. Su Señoría la declaró por libre, para hacer merced de ella en nombre de S. M., y en conformidad de sus reales poderes. Y lo firmó con los dichos regidores, testigos Juan Durán, Mateo Leal de Ayala. Hernando Arias de Saavedra. Ante mí, *Cristóbal Remón*, Escribano público y de Cabildo.

En la ciudad de la Trinidad, a 29 días del mes de diciembre de 1608 años. En presencia de mi el Escribano, parecieron los capitanes Manuel de Frías y Francisco de Salas, alcaldes ordinarios, y Víctor Casco de Mendoza, y Ancón Higueras de Santa Ana, regidores, personas nombradas por el Cabildo para declarar los rumbos que se han de llevar en las medidas de las chacras y tierras; y habiendo jurado a Dios, y a una cruz en forma, dijeron: Que habiendo visto las tierras de la costa de la mar de esta ciudad, y todas las demás del río de Luján y de las Conchas, e informados de marineros y personas que lo entienden, declaran que los rumbos que se han de tomar y llevar para las medidas de las chacras y tierras, son los siguientes:

Rumbos de Conchas y Luján

Que los dichos ríos de las Conchas y Luján, el rumbo, que en las suertes de tierras que están en ellos se ha de seguir y señalar, es el que está señalado a las tierras y chacras que caen al Riachuelo de los navíos de esta ciudad, que es de sudeste a nordoeste, y por frente y cabezadas, su contrario. Que las suertes de tierras de la dicha costa del mar, que están de la otra parte del Riachuelo de los navíos, han de llevar el propio rumbo que está señalado a las que van de esta ciudad al río de las Conchas, que es de nordeste a sudeste, la tierra adentro, y por frente la costa de la mar. Y así lo declaran debajo de su juramento, y lo firmaron. Manuel Frías-Víctor Casco de Mendoza. Ante mí, *Cristóbal Remón*, Escribano público y de Cabildo.

Auto de don Hernando de Zárate, de 14 de febrero de 1594

Don Hernando de Zárate, Caballero del Hábito de Santiago, gobernador teniente del visorrey, capitán general, justicia mayor de estas Provincias del Río de la Plata y Tucumán, por S. M. Por cuanto, por parte del Cabildo de esta ciudad de la Trinidad me ha sido pedido viese la fundación de esta ciudad, y condiciones de ella, y la confirmase y aprobase, o como mejor viese que convenía: por lo cual, habiéndola visto, mandé al Escribano de Cabildo de esta ciudad que saque la dicha fundación en limpio en este libro, a la letra, según y como se contiene en la dicha fundación; para que así sacado, provea, conforme a derecho, lo que más convenga al bien y aumento de esta dicha ciudad, y lo firmé. Que es fecho a 14 días del mes de febrero de 1594 años. Don Hernando de Zárate. Ante mí, Mateo Sánchez, Escribano de Cabildo.

RELACIÓN.

E yo, Mateo Sánchez, Escribano de Cabildo de esta ciudad de la Trinidad, en cumplimiento de lo mandado por Su Señoría, saqué dicho traslado, bien y fielmente, de los autos de la fundación fecha por el general Juan de Garay.

Nueva mensura de Chacras, siendo gobernador el señor don Diego Marín Negrón. Año de 1612

Abril 2 de 1612. En acuerdo que, con asistencia del señor gobernador se celebró en 2 días del mes de abril de 1612, que se halla a fojas 205 del libro de acuerdos, número 2, se presentó petición por Benito Gómez, Domingo Griveo y Gil González, vecinos y moradores de esta ciudad, diciendo que por no estar medidas y amojonadas como deben las chacras del Monte Grande, hay entre ellos diferencias, por no saber cada uno lo que le pertenece: pidieron se midan y amojonen las tierras y chacras de dicho pago. Y visto su pedimento, y que asimismo ha habido quejas de otras personas interesadas en las tierras de dicho pago, de que unos se meten en las tierras de los otros, respecto de la mala medida y no estar amojonadas: «acordóse, que siendo citados por pregón público los interesados en las tierras del dicho pago, se midan y amojonen las dichas tierras y chacras, conforme al repartimiento y fundación de los rumbos, que después se tomaron y acordaron, por no haberlo declarado el fundador. La cual medida y amojonamiento hagan el alcalde Mateo Leal de Ayala y Pedro Gutiérrez, alférez real, y Francisco Romero, con Francisco Bernal, medidor nombrado por este Cabildo, y por Pedro Fernández, *pie de palo*, piloto, y personas que lo entienden. Los cuales medidores juren de hacerlo fielmente; y hecha la medida y amojonamiento, se traigan a este Cabildo los autos, para que se vea en ello lo que se ha de hacer. Y se señala para dicha medida y amojonamiento el Miércoles que viene, 4 de este mes; y se les señala a los medidores cuatro pesos cada día por su trabajo, a costa de los interesados.»

Consta a fojas 206. Certifica el Escribano, *Cristóbal Remón*, de haberse publicado el bando de la dicha mensura el día 3 de abril de dicho año de 1612.
MENSURA.

En el campo donde está la Cruz de San Sebastián, cerca de la ciudad de la Trinidad y puerto de Buenos Aires, como un cuarto de legua de ella, en 4 días del mes de abril de 1612 años, en conformidad de lo mandado por el Cabildo de suso, salieron y se juntaron a hacer la medida de tierras contenida en el dicho cabildo, Mateo Leal de Ayala, alcalde ordinario, Pedro Gutiérrez y Francisco Romero, regidores, diputados por el dicho Cabildo para el dicho efecto. Y estando así todos juntos, y en presencia de mí el Escribano, parecieron presentes, Francisco Bernal y el capitán Francisco Fernández, *pie de palo*, vecinos de esta ciudad, medidores nombrados para medir las tierras que de yuso se hará mención: de los cuales el dicho alcalde tomó y recibió juramento por Dios, Nuestro señor, y por la señal de la cruz que hicieron con sus manos derechas, en forma de derecho; so cargo del cual prometieron de hacer bien y fielmente la dicha agrimensura: y si bien la hicieren, Dios les ayude, y al contrario, se lo demande. Y prosiguiendo, tomó el capitán Pedro Fernández un aguja de marear para ver el rumbo que se tiene de tomar para medir las chacras, conforme a la medida que les dio. El capitán Juan de Garay, poblador, y según el rumbo que tienen, que es en las cabezadas del ejido que corre de nordeste sudeste. Se tomó el rumbo, y fueron midiendo las chacras por las cabezadas del gran río del Paraná, por el rumbo noroeste sudeste. Y en la forma dicha, y corriendo el dicho rumbo, se hizo la mensura en la forma siguiente:

Se midió la chacra de Luis Gaitán, que es la primera que corre desde dicho ejido y Cruz de San Sebastián, el río arriba, y cotejándola con el dicho libro viejo de la fundación, se midieron 500 varas, conforme una cuerda que llevaban los dichos medidores, y se puso un mojón.   500

Las de Domingo de Irala	350
Las del capitán Juan de Garay	500
La chacra de Rodrigo Ortiz	500
La de Miguel López Maldonado	350
La de Miguel Gómez	350
La de Gerónimo Pérez	350
La de Juan Basualdo	350
La de Diego de la Olavarrieta	500
La del capitán Víctor Casco (se amojonó)	400
La de Pedro Luiz	400
La de Pedro Fernández Capacho	400

La de Pedro Franco, dijo Hernán Suarez Maldonado que era suya (se amojonó.) 400

La de Alonso Gómez	350
La de Estevan Alegre	350
La del capitán Pedro de Izarra	400
La de Juan Fernández de Zárate	350
La de Baltazar Carabajal	350
La de Antonio Bermúdez	400
La de Jusepe Sayas	350
La de Francisco Bernal	350
La de Miguel del Corro	350
La de Bernabé Veneciano	350
La de Cristóbal Altamirano	350
La de Diego de Jeréz	350
La de Sebastián Bello	350
La de Juan Domínguez	400
La de Pedro Izbran	350
La de Pedro Rodríguez de Cabrera	350
La de Pedro Quiroz	400
La de Alonso de Escobar	400

La de Ancón Higueras, las mismas 400 varas, y puso mojones; y el último se puso casi en medio de la viña del susodicho, y desde allí se comenzó a medir la chacra de don Gonzalo Martel, las de Ancón Higueras (se pusieron dos mojones). 400

La del dicho don Gonzalo Martel	400
La de Juan Ruiz	400
La de Juan Fernández de Enciso	400
La de Hernando de Mendoza	400
La de Pedro Morán	400
La de Rodrigo Díaz Ibarrola	400
La de Andrés de Vallejo	400

La de Pedro de Sayas Espeluca	400
La de Lázaro Griveo	400
La de Juan de Carbajal, que ahora es de Amados Báez, y por el rumbo y mojón que se puso, le cogió un pedazo muy pequeño de unos membrillos del Rincón de la Viña. [6]	400

La de Pantaleón	350
La de Pedro de Medina	350
La de Juan Martín	350
La de Estevan Ruiz	350
La de Andrés Méndez	350
La de Miguel Navarro	350
La de Sebastián Fernández	350
La de Juan de España	300
La de Ambrosio de Acosta	300
La de Rodrigo Gómez	350
La de Pablo Cimbron	300
La de Antonio Roberto	400
La de Gerónimo Méndez	400
La de Pedro de la Torre	400
La de Domingo de Alcaméndia	400
La de Ana Díaz	400
La de Ancón de Porras	400
La de Ochoa Márquez	400
La de Juan Rodríguez	400
La de Alonso Parejo	400

---

6   Que aunque luego sigue con el dicho Amados Báez, (*Alpoin*), así se llamaba, con 400 varas, son las mismas que parece compró a Juan de Carbajal, pues éste fue recibido por vecino el día 9 de mayo del año de 1611, treinta y un años después del repartimiento del fundador Garay, como consta del libro de acuerdos, *núm. 2, a fojas 142.* (Era portugués de nación; trajo un hijo nombrado Manuel Cabral, de los cuales proceden dos familias, emparentadas con las principales de esta capital).

La de Pedro Hernández   400

La de Juan de Garay (este era hijo del general)   400

Y de esta manera se hizo la dicha agrimensura, según dicho es: y lo firmaron los dichos alcaldes, diputados y agrimensores: siendo testigos, Hernán Suarez Maldonado, Pedro Rodríguez y Juan Cuello. Doy fe, teniente, Mateo Leal de Ayala-Pedro Gutiérrez-Francisco García Romero-Francisco Bernal. Ante mí, Pedro Alonso del Granado, Escribano público y de S. M.

Noviembre 2 de 1602, libro núm. 25, A fojas 32 vuelta

En acuerdo que en este día celebró este Cabildo, se acordó lo siguiente: —Declárase, que en las cuadras que se han añadido ahora de presente, que son, y se entienden, desde la quebradita que está de la otra banda de las casas que fueron de Francisco Muñoz Bejarano, difunto, hacia el Riachuelo de los navíos, y que las ha marcado y repartido este Cabildo y Regimiento a las personas, cuyos nombres están escritos en la traza nueva; atento a que era ejido de esta ciudad, y pertenece a este Cabildo la repartición de ello, y se manda que yo el presente Escribano, los saque como allí están declarados, y escritos sus nombres en el libro, de repartición que está en el archivo: y sacado y puesto en el dicho libro lo firmaron los Capitulares, y con esto se acabó dicho Cabildo, en la forma que refiere. Y los dichos capitanes, Justicias y Capitulares lo firmaron de sus nombres. Francisco de Salas, teniente de gobernador y justicia mayor; el capitán Víctor Casco de Mendoza, alcalde; Bartolomé López, alférez real; Antonio Bermúdez, Juan Nieto de Humanes de Molina, Juan Díaz de Ojeda, Pedro Sánchez de Lugue, regidores. Cuyos individuos formaron el acuerdo de este día 2 de noviembre de 1602, ante el dicho, Francisco de Salas.

Nombres escritos en la traza nueva.

1. Al capitán Francisco de Salas, dos cuadras encima de la barranca, linde por una banda con el capitán Ancón Higueras, y por la tierra adentro, con cuadra de Santo Domingo, y cuadra de Juan Sánchez

2. Otras dos cuadras, la una encima de la barranca, y la otra al lado de ella,   2
tierra adentro, del capitán Ancón Higueras, linde por un cabo, cuadra de Santo Domingo y el capitán Francisco de Salas

Quedan tres cuadras en blanco, y lo que sobra de ellas, está linde el capitán   3
Higueras de Santana

3. A Diego de Trigueros, otra cuadra con la sobra de la barranca, que linda   1
con estas cuadras que quedan en blanco, y por la otra parte con cuadra y solares de la barranca de Mateo Sánchez, y tierra adentro, con cuadra de Bartolomé Frutos

4. A Mateo Sánchez, otra cuadra con las sobras de la barranca, que linde por un cabo con el dicho Diego de Trigueros, y por la otra banda con el capitán Ruiz Díaz de Guzmán, y tierra adentro, con cuadra del capitán Diego Muñoz de Prado — 1

5. Al capitán Ruiz Díaz, dos cuadras que sobran de la barranca, linde con el dicho Mateo Sánchez y el capitán Diego Núñez de Prado, y por la otra banda, cuadra de la Aduana y Pedro Izbran — 2

6. A la Aduana, una cuadra sobre la barranca, linde con el dicho capitán Ruiz Díaz, y por la otra banda, con Miguel del Corro, y tierra adentro, con Pedro Izbran — 1

7. A Miguel del Corro, dos cuadras sobre la barranca, lindero con la dicha Aduana — 2

8. A Domingo Griveo, una cuadra, las vertientes al bajo del Riachuelo los navíos — 1

9. A Pedro Izbran, dos cuadras, que prosiguen a la de Domingo Griveo hacia la ciudad — 2

10. A Mateo Sánchez, dos cuadras con la sobra de la barranca, sobre la vega del Riachuelo, lindero con el dicho Domingo Griveo — 2

11. Al capitán Francisco de Salas, dos cuadras que prosiguen hacia esta ciudad, linde con el dicho Mateo Sánchez y Felipe Navarro — 2

12. A Felipe Navarro, dos cuadras adelante de las susodichas, hacia esta ciudad — 2

13. Al capitán Diego Ponce, una cuadra, que prosigue hacia esta ciudad, linde con el dicho Felipe Navarro — 1

14. Al capitán Diego Núñez de Prado, dos cuadras, que prosiguen a la susodicha, hacia esta ciudad — 2

15. Bartolomé de Frutos, una cuadra, que prosigue a las del susodicho a la esta ciudad — 1

16. Francisco Dotia, una cuadra, que prosigue a la del susodicho capitán a esta ciudad — 1

Luego están dos cuadras que no están dadas a nadie — 2

17. Cristóbal Navarro, dos cuadras, que una prosigue hacia esta ciudad, desde la cuadra blanca, y la otra tierra adentro — 2

18. Al convento de Santo Domingo, una cuadra hacia esta ciudad, que prosigue a la cuadra del dicho capitán Ancón Higueras — 1

19. Alonso Muñoz, otra cuadra, que prosigue a esta ciudad, a la cuadra de Cristóbal Navarro — 1

20. Juan Sánchez, dos cuadras, que prosiguen hacia esta ciudad a la de Alonso Muñoz (del núm. 19), y cuadra de Santo Domingo (del núm. 18.) — 2

21. A Francisco Marín — 1
22. A Juan Nieto de Humanes — 2
23. A Juan Ortiz de Mendoza — 1
24. A Antonio Bermúdez — 1
25. A Juan Díaz de Ojeda — 2
26. A Francisco Muñoz — 2
27. A Juan Sánchez — 2
28. A Domingo Griveo, las sobras de la Barranca hacia la vega del Riachuelo — 0
29. A Diego de Trigueros, dos cuadras con la sobra de la barranca — 2
30. A Miguel del Corro — 2
31. A Miguel Gómez — 2
32. A Gabriel de Burgos — 1
33. A Gómez de Saravia, Escribano — 1
34. A García Pérez de Arce — 1
35. A Francisco Bernal — 2
36. A Manuel Ravello — 1
37. A Brito Gómez — 1
38. A Amados Barragán — 1
39. A Leonor de Salas — 1
40. A Antonio de Sosa — 1

Tres cuadras blancas, que son sobras de la barranca, sobre la vega del Riachuelo — 3

41. A Juan de Melo — 1
42. A Santo Domingo — 1
43. A García Gómez — 1
44. A Pedro Morán — 1
45. A Bartolomé de Frutos — 1

46. A doña Ana Velázquez   1

47. A Juan Díaz de Ojeda   1

48. A Juan Jacome Ferrufino   2

49. Al capitán Francisco de Salas, las sobras de la Barranca, a la vega del   0
Riachuelo

50. A doña Juana Holguín   1

51. A Saavedra   1

52. A Francisco Álvarez Gaitán   1

53. A Gonzalo Morán   1

54. A Francisco Rivera   1

55. A Pedro de Yzarra   2

56. A Antonio Bermúdez   2

57. Al capitán Víctor Casco de Mendoza, las sobras de la Barranca, sobre la   0
vega del Riachuelo

58. A Antonio Fernández Barrios   1

59. A Bartolomé Ramírez   3

60. A Ancón de Lisboa   1

61. A Gabriel de Burgos   1

62. A Isabel (hija de Rodrigo), Yanacona de San Francisco   1

63. Al padres Jusepe de Acosta   1

64. A Juan Domingo Palermo   1

65. A Miguel Gómez   2

66. A Pedro Bernal, una cuadra, con lo que sobra a la vega del Riachuelo de   1
los navíos

67. A Pedro Sánchez de Lugue   2

68. A Juan Martín   1

69. A Francisco Rodríguez   1

70. A Da. Catalina de Mendoza   1

71. A Cristóbal Casco   1

72. A Diego Casco   1

73. Al mayor Casco   1

74. A Bartolomé López, las sobras de la barranca sobre la vega del Riachuelo   0
                                                                               —
                                                                              132

40

Por mandado de dicho Cabildo, justicia y Regimiento, lo salvo en la forma dicha, y los mismos números que están puestos en las mismas cuadras, en la traza nueva. Fecho en la Trinidad, a 20 de noviembre de 1602 años. Francisco de Salas.

Mensuras de las chacras del Monte Grande, el año de 1606

Libro 1.º de acuerdos. En acuerdo celebrado en 9 de octubre de 1606, se presentó el Provisor, pidiendo se amojonen las chacras y tierras de los vecinos, el cual se copió a fojas 95; y su proveído es el siguiente. Que se haga dicha mensura y amojonamiento, y para ello nombró a los diputados, don Francisco (o D. Francés) de Beaumont y Navarra, alcalde ordinario; y a los regidores, capitán don Francisco de Salas y Miguel del Corro, diputados, hagan la dicha medida y que se pregone que todos los interesados asistan en sus chacras para la dicha medida, y que cada uno ponga mojones en las dichas sus chacras firmes, y que se vean siempre, y que para esto vaya Francisco Bernal como alarife y medidor de la ciudad, y así lo mandaron y firmaron. Y que los tales vecinos pongan los dicho mojones en la forma dicha, dentro de tres días, de como se hiciese la dicha medida; so pena de seis pesos para gastos del Cabildo.

PUBLICACIÓN.

En la Ciudad de la Trinidad, Puerto de Buenos Aires, a 19 del mes de octubre de 1606, en conformidad de lo acordado, proveído y mandado por Su Señoría del Cabildo, justicia y Regimiento, salieron de esta ciudad para el efecto referido, el señor general don Francisco de Beaumont y Navarro, alcalde de orden de ella, por S. M. y el capitán Francisco de Salas, alférez real; y Miguel del Corro, regidores y diputados, para medir las tierras que el señor general Juan de Garay, fundador de esta ciudad, dio y repartió a los vecinos: y con el padrón y libro de fundación en la mano, yendo, como fue, Francisco Bernal, a casi seis medidas de nuestras cuadras y solares, de esta dicha ciudad, el cual llevaba y llevó una cuerda que tenía cien varas de medir y otros instrumentos de su arte. Y llegaron a la chacra que fue del capitán Rodrigo Ortiz de Zárate, teniente de gobernador y justicia mayor de esta dicha ciudad, y vecino de ella, donde pareció, y parece, está una linde que antiguamente se hizo: que todos los que allí estaban, dijeron, era la cierta y verdadera por donde se median, y han de medir, de allí para adelante las demás suertes de tierras del pago, del río arriba. Y después de haber tomado el dicho Francisco Bernal la derecera y rumbo que han de llevar las suertes de tierra, corriendo la tierra adentro, hicieron tres mojones de tierra; y hallaron por el dicho rumbo ser la dicha linde cierta y verdadera.

Después de haber, en presencia de todos los que allí se hallaron, medido la dicha cuerda que llevaba dicho Francisco Bernal, la cual hallaron tenía las dichas cien varas de medir; proveyeron el auto que se sigue, y lo firmaron. François de Beaumont y Navarra-Francisco de Salas-Miguel del Corro-Francisco Pérez de Burgos, Escribano público y de Cabildo.

En dicho día mes y año proveyeron los dichos diputados un auto en que aprueban y dan por cierto y verdadero el dicho linde que está junto a la chacra que fue del capitán Rodrigo Ortiz de Zárate, el cual dicho linde mandaron fuese el primer mojón cierto como puesto por el fundador, y que desde allí se fuese tirando la cuerda y amojonando las suertes de tierra, sin que ninguno pueda quitar dichos mojones; ante sí los conserven y amparen, so la pena impuesta por el dicho Cabildo, y lo firmaron.

Y luego incontinente, en atención de lo mandado, se tomó la derecera, y se fue midiendo las dichas suertes de tierras según y conforme a cada uno le tocaba: y llegando hasta la chacra y suerte de tierras que fue de Antonio Bermúdez, les pareció a los señores alcalde y diputados, que había habido algún yerro de cuenta, dejando de contar alguna medida o suerte. Y volviendo otra vez a lo referir y medir de nuevo, fueron hasta la dicha chacra, prosiguiendo la dicha medida, y la ajustaron y pusieron cierta y verdadera. Y de allí fueron por la derecera que mejor les pareció, y fueron midiendo las demás suertes de tierras, hasta llegar a la chacra de Ancón Higueras de Santana. A lo que salió el dicho Ancón Higueras, y dijo Su Merced se había medido mal y no por el rumbo que se solía medir otras veces: que pedía se volviese a medir. Y los señores alcalde y diputados lo dejaron para otro día, Viernes 20, de este presente mes: y mandaron al dicho capitán Ancón Higueras, se halle presente al verlo medir, desde la chacra del dicho Antonio Bermúdez. Y así hoy, Viernes dicho día, el dicho capitán Ancón Higueras vino a la chacra del capitán Francisco de Salas, y todos de conformidad dijeron y mandaron al dicho Ancón Higueras, tomase la delantera y fuese corriendo el rumbo que decía que era el cierto y más verdadero: y para esto, en su presencia, y de los señores alcalde y regidores, se midió la dicha cuerda de cien varas, y se halló justa. Y tomando el dicho Ancón Higueras el dicho rumbo y derecera que dijo era mejor y se había de llevar: y como dicho es, llevando él mismo la delantera, luego se halló que las casas, y mucha parte de su hacienda o la más, estaba y caía en la tierra y chacra del capitán don Gonzalo Martel de Guzmán. Y así con esta medida, hecha a vista del susodicho, el dicho capitán Ancón Higueras, los dichos señores pasaron adelante midiendo las demás suertes de tierras, hasta la última que repartió el general Juan de Garay (que Dios haya), fundador de esta Ciudad, que es la chacra y tierra que dio a su hijo Juan de Garay, como parece por el registro y fundación de esta ciudad, a que yo el presente Escribano me refiero. Y los señores alcalde y diputados dijeron, que todo lo susodicho se guarde y cumpla como está susodicho y referido; y lo firmaron.

Y luego incontinente después de lo dicho, midieron y mandaron al dicho Francisco Bernal midiese, desde adonde acaba la dicha chacra del dicho Juan de Garay, la demás tierra que hay, basta llegar al cabo de las suertes que dijeron estaban dadas por cédulas a otras personas. Y en cumplimiento de ello se midieron 21 cuerdas de tierra para que suya fuere y de ella tuviere merced y cédula, y se le dé conforme a su título; y lo firmaron.

Advertencia del editor

Después de impresos los autos relativos a la fundación de Buenos Aires, hemos conseguido una copia del repartimiento de los indios, hecho por don Juan de Garay, más extenso que todos los que hemos visto hasta ahora; y lo agregamos a esta serie de documentos para completar el que se halla en la página 9.
Año de 1582.

Repartimiento de los indios de esta ciudad, hecho por el general Juan de Garay

Miércoles. En 28 días del mes de marzo, año del señor de 1582 años. El Ilustre señor general Juan de Garay, teniente de gobernador y capitán general de todas estas Provincias del Río de la Plata, por el muy Ilustre señor licenciado Juan de Torres de Vera y Aragón, adelantado, gobernador y capitán general, y alguacil mayor de todas estas Provincias, por la Majestad Real del rey don Felipe, Nuestro señor, conforme a las capitulaciones que S. M. hizo con el adelantado Juan Ortiz de Zárate (que sea en gloria), dijo: Como tal capitán general y primer fundador y poblador de la ciudad de la Trinidad y Puerto de Santa María de Buenos Aires, que en nombre de la Santísima Trinidad, Dios padre y Dios Hijo y Dios Espíritu Santo, y de la Virgen Gloriosa, Santa María Nuestra Señora, y en nombre de la Majestad Real del rey don Felipe, Nuestro señor; afirmándose y amparándose con las cédulas y provisiones reales que S. M. tiene dadas y concedidas en favor de los capitanes que en su real nombre poblaren y fundaren cualesquier pueblos o ciudades, repartía, y repartió, todos los indios que había en las provincias de la ciudad de la Trinidad, en alguna recompensa de los muchos gastos y trabajos que han tenido en la dicha población: el cual repartimiento hizo en presencia de mí, Pedro Fernández, escribano nombrado para las causas y negocios de la dicha ciudad de la Trinidad, en la forma siguiente:

Primeramente, al señor adelantado Juan de Torres de Vera y Aragón a los caciques Francisco y Erarán, guaranís de las Islas.

Otrosí dijo, que ponía en cabeza del capitán Rodrigo Ortiz de Zárate al cacique Diciumpén, de nación Lojae, que por otro nombre se dice Orucutaguac, con los indios al dicho cacique sujetos.

Otrosí dijo, que ponía en cabeza de Alonso de Escobar al cacique Tugalbampen, de nación Meguay, con todos los indios sujetos al dicho cacique.

Otrosí dijo, que ponía en cabeza de Víctor Casco al cacique Quemumpen, de nación Curumeguay, con todos los indios sujetos al dicho cacique.

Otrosí dijo, que ponía en cabeza de Diego de Olavarrieta al cacique Cubusote, de nación Lojae-Emelaguaé, y por otro nombre se dice *Urucutaguay*, con todos los indios sujetos a dicho cacique.

Otrosí dijo, que ponía en cabeza de Antonio Bermúdez al cacique Caespén, de nación Yotos Serebes, con todos los indios sujetos a dicho cacique.

Otrosí dijo, que ponía en cabeza de Hernando de Mendoza al cacique Pacaospen, de nación Llosumbes, con todos los indios sujetos al dicho cacique.

Otrosí dijo, que ponía en cabeza de Pedro Fernández al cacique Cubucoté, de nación Dulluscembes, con todos los indios sujetos a dicho cacique.

Otrosí dijo, que ponía en cabeza de Juan Fernández Enciso al cacique Allapen, de nación Locultis, con todos los indios sujetos al dicho cacique.

Otrosí dijo, que ponía en cabeza de Ancón Rodríguez al cacique Salloampen, de nación Cubujé, con todos los indios sujetos al dicho cacique.

Otrosí dijo, que ponía en cabeza de Pedro Franco al cacique Escallopen, de nación Denocunalacas, con todos los indios sujetos al dicho cacique.

Otrosí dijo, que ponía en cabeza de Ancón Higueras al cacique Campampen, de nación Ajay, con todos los indios sujetos al dicho cacique.

Otrosí dijo, que ponía en cabeza de Juan Domínguez al cacique Tancaolquepén, de nación Conontí, con todos los indios sujetos al dicho cacique.

Otrosí dijo, que ponía en cabeza de Pedro de la Torre al cacique Yabmpen, de nación Alacas, con todos los indios sujetos al dicho cacique.

Otrosí dijo, que ponía en cabeza de Gerónimo Jeréz al cacique Sectí, de nación Sectí, con todos los indios sujetos al dicho cacique.

Otrosí dijo, que ponía en cabeza de Juan de Basualdo al cacique Cocollaque, con todos los indios sujetos al dicho cacique.

Otrosí dijo, que ponía en cabeza de Miguel del Corro al cacique Clemecúe, con todos los indios sujetos al dicho cacique.

Otrosí dijo, que ponía en cabeza de Pedro Luis al cacique Quetutí, con todos los indios sujetos al dicho cacique.

Otrosí dijo, que ponía en cabeza de Juan Rodríguez al cacique Conotin, con todos los indios sujetos al dicho cacique.

Otrosí dijo, que ponía en cabeza de Miguel Gómez al cacique Degumci, con todos los indios sujetos al dicho cacique.

Otrosí dijo, que ponía en cabeza de Pedro Morán al cacique Llamen, con todos los indios sujetos al dicho cacique.

Otrosí dijo, que ponía en cabeza de Juan de Carbajal al cacique Coloque, con todos los indios sujetos al dicho cacique.

Otrosí dijo, que ponía en cabeza de Pedro Quirós al cacique Conocometró, con todos los indios sujetos al dicho cacique.

Otrosí dijo, que ponía en cabeza de Domingo de Arcaméndia al cacique Incul, de nación Calcilacas, con todos los indios sujetos al dicho cacique.

Otrosí dijo, que ponía en cabeza de Pedro de Izarra al cacique Sugun, con todos los indios sujetos al dicho cacique.

Otrosí dijo, que ponía en cabeza de Gerónimo Muñoz al cacique Tuguacane, con todos los indios sujetos al dicho cacique.

Otrosí dijo, que ponía en cabeza de Pedro de Sayas al cacique Cubusote, con todos los indios sujetos al dicho cacique.

Otrosí dijo, que ponía en cabeza de Estevan Alegre al cacique Suguna, de nación Alacas, con todos los indios sujetos al dicho cacique.

Otrosí dijo, que ponía en cabeza de Lázaro Griveo al cacique Caare, de nación Caltis, con todos los indios sujetos a dicho cacique.

Otrosí dijo, que ponía en cabeza de Bernabé Veneciano al cacique Cubucoté, de nación Caltis, con todos los indios sujetos a dicho cacique.

Otrosí dijo, que ponía en cabeza de Sebastián Bello al cacique Dulceebes, de nación Caltis, con todos los indios sujetos a dicho cacique.

Otrosí dijo, que ponía en cabeza de Juan Ruiz de Ocaña al cacique Cocomel, de nación Caltis, con todos los indios sujetos al dicho cacique.

Otrosí dijo, que ponía en cabeza de Cristóbal Altamirano al cacique Bagual, que por otro nombre se llama Miniti, con todos los indios sujetos al dicho cacique.

Otrosí dijo, que ponía en cabeza de Ancón de Porras al cacique Tumutumús, con todos los indios sujetos al dicho cacique.

Otrosí dijo, que ponía en cabeza de Baltazar de Carbajal al cacique Cacuti, con todos los indios sujetos al dicho cacique.

Otrosí dijo, que ponía en cabeza de Andrés de Vallejo al cacique Marich, con todos los indios sujetos al dicho cacique.

Otrosí dijo, que ponía en cabeza de Alonso Gómez al cacique Cirieme, con todos los indios sujetos al dicho cacique.

Otrosí dijo, que ponía en cabeza de Miguel Navarro al cacique Pibisque, con todos los indios sujetos al dicho cacique.

Otrosí dijo, que ponía en cabeza de Alonso Parejo al cacique Taoabá, Guaraní de las islas del Paraná, con todos los indios sujetos al dicho cacique.

Otrosí dijo, que ponía en cabeza de Pedro Álvarez Gaitán al cacique Aguaratin, de nación Guaraní, con todos los indios sujetos al dicho cacique.

Otrosí dijo, que ponía en cabeza de Juan Fernández de Zárate al cacique Taypó, de nación Guaraní, con todos los indios sujetos al dicho cacique.

Otrosí dijo, que ponía en cabeza de Pablo Cimbron al cacique Yaguarey, de nación Guaraní, con todos los indios sujetos al dicho cacique.

Otrosí dijo, que ponía en cabeza de Julián Pavón al cacique Tiabo, de nación Guaraní, con todos los indios sujetos al dicho cacique.

Otrosí dijo, que ponía en cabeza de Pedro Izbran al cacique Ayguay, de nación Guaraní, con todos los indios sujetos al dicho cacique.

Otrosí dijo, que ponía en cabeza de Francisco Bernal al cacique Tatanó, de nación Guaraní, con todos los indios sujetos al dicho cacique.

Otrosí dijo, que ponía en cabeza de Estevan Higuera al cacique Caruya, de nación Guaraní, con todos los indios sujetos al dicho cacique.

Otrosí dijo, que ponía en cabeza de Miguel López Medera al cacique Mayraci, de nación Guaraní, con todos los indios sujetos al dicho cacique.

Otrosí dijo, que ponía en cabeza de Pedro Rodríguez al cacique Pochian, de nación Guaraní, con todos los indios sujetos al dicho cacique.

Otrosí dijo, que ponía en cabeza de Juan Martínez al cacique Moropi-
chan, de nación Guaraní, con todos los indios sujetos al dicho cacique.

Otrosí dijo, que ponía en cabeza de Domingo de Irala al cacique Purupí,
de nación Guaraní, con todos los indios sujetos al dicho cacique.

Ortosí dijo, que ponía en cabeza de Fernando Gómez al cacique Guardiya,
de nación Chanas, con todos los indios sujetos al dicho cacique.

Otrosí dijo, que ponía en cabeza de Francisco Pantaleón al cacique Araquí,
de nación Chanas, con todos los indios sujetos al dicho cacique.

Otrosí dijo, que ponía en cabeza de Juan Lorenzo al cacique Canisolo, de
nación Chanas, con todos los indios sujetos al dicho cacique.

Otrosí dijo, que ponía en cabeza de Sebastián Fernández al cacique
Caraqua, de nación Chanas, con todos los indios sujetos al dicho cacique.

Otrosí dijo, que ponía en cabeza de Pedro Sánchez de Luca al cacique
Yuca, de nación Chanas con todos los indios sujetos al dicho cacique.

Otrosí dijo, que ponía en cabeza de Francisco Álvarez Gaitán al cacique
Maguarí, de nación Chanas, con todos los indios sujetos al dicho cacique.

Otrosí dijo, que ponía en cabeza de Juan de Ortigosa al cacique Aguara,
de nación Chanas, con todos los indios sujetos al dicho cacique.

Otrosí dijo, que ponía en cabeza de Cristóbal Figueredo al cacique
Derdian, de nación Chanas, con todos los indios sujetos al dicho cacique.

Otrosí dijo, que ponía en cabeza de Hernando Jiménez al cacique
Maochun, de nación Chanas, con todos los indios sujetos al dicho cacique.

Otrosí dijo, que ponía en cabeza de Ambrosio de Acosta al cacique Capi-
guatin, de nación Chanas, con todos los indios sujetos al dicho cacique.

Otrosí dijo, que ponía en cabeza de Cosme Fabián al cacique Cura, de
nación Chanas, con todos los indios sujetos al dicho cacique.

Otrosí dijo, que ponía en cabeza del licenciado Encinas al cacique Delajan,
de nación Chanas, con todos los indios sujetos al dicho cacique.

Otrosí dijo, que ponía en cabeza de Juan de Garay, hijo natural del dicho
señor general al cacique Quengipeu, que por otro nombre se llama Tubichu-
miri, de nación Meguay, con todos los indios sujetos al dicho cacique.

Otrosí dijo, que ponía en su cabeza, el dicho señor general Juan de Garay
al cacique Sibacuá, de nación Curucá, con todos los indios sujetos al dicho
cacique.

Fue hecho y señalado este dicho repartimiento en la ciudad de Santa Fe, día, mes y año susodichos, en presencia de mi el Escribano Pedro Fernández:—la cual dicha encomienda dijo el dicho señor general, que hacia, e hizo, conforme a las cédulas de S. M. que fueron concedidas al dicho adelantado Juan Ortiz de Zárate, por tres vidas: y lo firmó de su nombre. Juan de Garay. Por mandado del señor general, Pedro Fernández, Escribano del Cabildo.

Libros a la carta

A la carta es un servicio especializado para
empresas,
librerías,
bibliotecas,
editoriales
y centros de enseñanza;
y permite confeccionar libros que, por su formato y concepción, sirven a los propósitos más específicos de estas instituciones.

Las empresas nos encargan ediciones personalizadas para marketing editorial o para regalos institucionales. Y los interesados solicitan, a título personal, ediciones antiguas, o no disponibles en el mercado; y las acompañan con notas y comentarios críticos.

Las ediciones tienen como apoyo un libro de estilo con todo tipo de referencias sobre los criterios de tratamiento tipográfico aplicados a nuestros libros que puede ser consultado en Linkgua-ediciones.com .

Linkgua edita por encargo diferentes versiones de una misma obra con distintos tratamientos ortotipográficos (actualizaciones de carácter divulgativo de un clásico, o versiones estrictamente fieles a la edición original de referencia).

Este servicio de ediciones a la carta le permitirá, si usted se dedica a la enseñanza, tener una forma de hacer pública su interpretación de un texto y, sobre una versión digitalizada «base», usted podrá introducir interpretaciones del texto fuente. Es un tópico que los profesores denuncien en clase los desmanes de una edición, o vayan comentando errores de interpretación de un texto y esta es una solución útil a esa necesidad del mundo académico.

Asimismo publicamos de manera sistemática, en un mismo catálogo, tesis doctorales y actas de congresos académicos, que son distribuidas a través de nuestra Web.

El servicio de «libros a la carta» funciona de dos formas.

1. Tenemos un fondo de libros digitalizados que usted puede personalizar en tiradas de al menos cinco ejemplares. Estas personalizaciones pueden ser de todo tipo: añadir notas de clase para uso de un grupo de estudiantes,

introducir logos corporativos para uso con fines de marketing empresarial, etc. etc.

2. Buscamos libros descatalogados de otras editoriales y los reeditamos en tiradas cortas a petición de un cliente.

Printed in Poland
by Amazon Fulfillment
Poland Sp. z o.o., Wrocław

69305517R00032